I0765014

50/50

Personal

50/50

Alondra Maldonado

Para ti que tienes este libro en tus manos.

Prólogo

Este libro ha sido creado con el propósito de que reflexiones y te conozcas mejor a ti mismo. En el mismo contestarás 50 preguntas que en algún momento pasaron por mi cabeza y luego se las hice a muchas personas. El espacio provisto o en blanco (como quieras llamarle) es para que las contestes. SI, escribe el libro y desahógate en el que para eso es. Espero que lo disfrutes y te conozcas un poco más.

Preguntas

1. ¿Cuál de todos tus amores hasta el día de hoy catalogas como "el mejor"?
2. ¿Alguna vez te has sentido insegura/o en tu entorno simplemente por tu sexo?
3. ¿Cuando conoces a alguien en qué te fijas primero?
4. ¿Qué súper poder te gustaría tener y porqué?
5. Cuando eras pequeño,¿qué querías ser de grande y qué eres ahora o qué quieres ser ahora?
6. Si pudieras elegir una película y convertirla en tu vida, ¿cuál elegirías y porqué?
7. ¿Qué es lo más que te gusta de tu vida?
8. Si tuvieras un hijo y una hija, ¿qué nombre le pondrías?
9. ¿Cuáles son tus metas?
    ^incluyen laborales, académicas y de vida en conclusión personales.
10. ¿Por qué crees que Dios nos dio vida?
^ si no eres creyente ¿por qué crees que tienes vida?
11. ¿Qué es lo más lindo que te hicieron/dijeron?
12. Si pudieras volver a cuando eras niño y hacer una cosa en específico (que ya no haces porque solo la hiciste de niño), ¿qué harías?
13. ¿Cómo sería tu date perfecto?
14. ¿Qué mezcla rara de comida haces?
15. ¿Cuál es la frase que más aplicas en tu vida?

16. ¿Cuál es tu canción favorita?
17. ¿Qué cosas cambiarías del mundo?
18. ¿Cómo te gustaría/ preferirías morir?
19. ¿Qué cosas te molestan?
    ^mencióname 3 cosas o más
20. ¿Qué harías si te ganaras la lotería?
21. ¿Qué te gusta hacer? Menciona 3 cosas o más
22. ¿Qué te gusta comer?
    ^menciona desayuno, almuerzo, cena y postre
    (yes hazme un menú tuyo favorito de un día
    completo)
23. ¿Hay una película que recomendarías? Si es así,
    ¿cuál es?
24. ¿Qué tipo de conversaciones te gusta hablar o te
    gustaría hablar y no lo haces?
25. Si pudieras cambiar algo en cómo te educaron
    ¿qué sería?
26. ¿Qué es algo que sabes que haces diferente a la
    mayoría de las personas?
27. Alguna vez te has aferrado a algo o alguien que
    sabes que tienes que soltar, ¿qué es y de qué forma
    te aferraste?
28. Si tuvieras que enseñar algo ¿qué enseñarías? Es
    decir, ¿en qué te consideras realmente bueno
    tanto así como para enseñarlo?
29. ¿Qué es lo más que amas de ti?
30. ¿Qué es lo único que te gustaría que todos
    recordarán sobre ti al final de tu vida?
31. ¿Qué hace a una persona bella?

32. Si tu vida fuera una serie, novela o película, ¿cuál sería el título y cómo terminaría tu historia?
33. Desde tu punto de vista, ¿Cómo se siente el amor?
34. Si pudieras concederte un deseo, ¿qué desearías?
35. ¿Cuál es tu mayor fortaleza y tu mayor debilidad?
36. Si miras el pasado ¿qué extrañas?
37. Más allá de los títulos que te han otorgado y esas cosas, ¿quién eres? Cuéntame la historia de tu vida...
38. ¿Cómo sabes cuándo es el momento de continuar aguantando o el momento de dejar ir?
39. ¿Antes de dormir en qué piensas?
40. ¿Cómo sería tu pareja ideal?
41. ¿Qué aprendiste de tus abuelos?
42. ¿Hay alguna cosa que tú sepas que es real (porque te pasó) pero si lo cuentas quizás nadie te crea?, ¿qué es?
43. ¿Qué es lo más que te ha impactado?
44. ¿Qué te gustaría decirle a la última persona que te decepcionó?
45. ¿Qué consideras peor que la muerte?
46. ¿Cuál es tu miedo más grande?
47. ¿Cómo te consideras sentimentalmente? Explícate
48. ¿Qué harías si supieras que te quedan horas o días de vida?
49. ¿Qué es lo más importante en una relación?
50. ¿Hay alguien a quien le perdonarías todas las fallas?, ¿A quién y porqué?

Pregunta #1

¿Cuál de todos tus amores hasta el día de hoy catalogas como "el mejor"?

Pregunta #2

¿Alguna vez te has sentido insegura/o en tu entorno simplemente por tu sexo?

Pregunta #3

¿Cuando conoces a alguien en qué te fijas primero?

Pregunta #4

¿Qué súper poder te gustaría tener y porqué?

Pregunta #5

Cuando eras pequeño, ¿qué querías ser de grande y qué eres ahora o qué quieres ser ahora?

Pregunta #6

Si pudieras elegir una película y convertirla en tu vida, ¿cuál elegirías y porqué?

Pregunta #7

¿Qué es lo más que te gusta de tu vida?

Pregunta #8

Si tuvieras un hijo y una hija, ¿qué nombre le pondrías?

Pregunta #9

¿Cuáles son tus metas?
^incluyen laborales, académicas y de vida en
conclusión personales.

Pregunta #10

¿Por qué crees que Dios nos dio vida?
^ si no eres creyente ¿por qué crees que tienes vida?

Pregunta #11

¿Qué es lo más lindo que te hicieron/dijeron?

Pregunta #12

Si pudieras volver a cuando eras niño y hacer una cosa en específico (que ya no haces porque solo la hiciste de niño), ¿qué harías?

Pregunta #13

¿Cómo sería tu date perfecto?

Pregunta #14

¿Qué mezcla rara de comida haces?

Pregunta #15

¿Cuál es la frase que más aplicas en tu vida?

Pregunta #16

¿Cuál es tu canción favorita?

Pregunta #17

¿Qué cosas cambiarías del mundo?

Pregunta #18

¿Cómo te gustaría/ preferirías morir?

Pregunta #19

¿Qué cosas te molestan?
^mencióname 3 cosas o más

Pregunta #20

¿Qué harías si te ganaras la lotería?

Pregunta #21

¿Qué te gusta hacer?
^Menciona 3 cosas o más

Pregunta #22

¿Qué te gusta comer?
^menciona desayuno, almuerzo, cena y postre (yes
hazme un menú tuyo favorito de un día completo)

Pregunta #23

¿Hay una película que recomendarías? Si es así,
¿cuál es?

¿Hay una película que recomendarías? Si es así,
¿cuál es?

Pregunta #24

¿Qué tipo de conversaciones te gusta hablar o te gustaría hablar y no lo haces?

Pregunta #25

Si pudieras cambiar algo en cómo te educaron ¿qué sería?

Pregunta #26

¿Qué es algo que sabes que haces diferente a la mayoría de las personas?

Pregunta #27

Alguna vez te has aferrado a algo o alguien que sabes que tienes que soltar, ¿qué es y de qué forma te aferraste?

Pregunta #28

Si tuvieras que enseñar algo ¿qué enseñarías? Es decir, ¿en qué te consideras realmente bueno tanto así como para enseñarlo?

Pregunta #29

¿Qué es lo más que amas de ti?

Pregunta #30

¿Qué es lo único que te gustaría que todos recordarán sobre ti al final de tu vida?

Pregunta #31

¿Qué hace a una persona bella?

Pregunta #32

Si tu vida fuera una serie, novela o película, ¿cuál sería el título y cómo terminaría tu historia?

Pregunta #33

Desde tu punto de vista, ¿Cómo se siente el amor?

Pregunta #34

Si pudieras concederte un deseo, ¿qué desearías?

Pregunta #35

¿Cuál es tu mayor fortaleza y tu mayor debilidad?

Pregunta #36

Si miras el pasado ¿qué extrañas?

Pregunta #37

Más allá de los títulos que te han otorgado y esas cosas, ¿quién eres? Cuéntame la historia de tu vida...

Pregunta #38

¿Cómo sabes cuándo es el momento de continuar aguantando o el momento de dejar ir?

Pregunta #39

¿Antes de dormir en qué piensas?

Pregunta #40

¿Cómo sería tu pareja ideal?

Pregunta #41
¿Qué aprendiste de tus abuelos?

Pregunta #42

¿Hay alguna cosa que tú sepas que es real (porque te pasó) pero si lo cuentas quizás nadie te crea?, ¿qué es?

Pregunta #43

¿Qué es lo más que te ha impactado?

Pregunta #44

¿Qué te gustaría decirle a la última persona que te decepcionó?

Pregunta #45

¿Qué consideras peor que la muerte?

Pregunta #46

¿Cuál es tu miedo más grande?

Pregunta #47

¿Cómo te consideras sentimentalmente? Explícate

Pregunta #48

¿Qué harías si supieras que te quedan horas o días de vida?

Pregunta #49

¿Qué es lo más importante en una relación?

Pregunta #50

¿Hay alguien a quien le perdonarías todas las fallas?,
¿A quién y porqué?

Escribe lo que desees

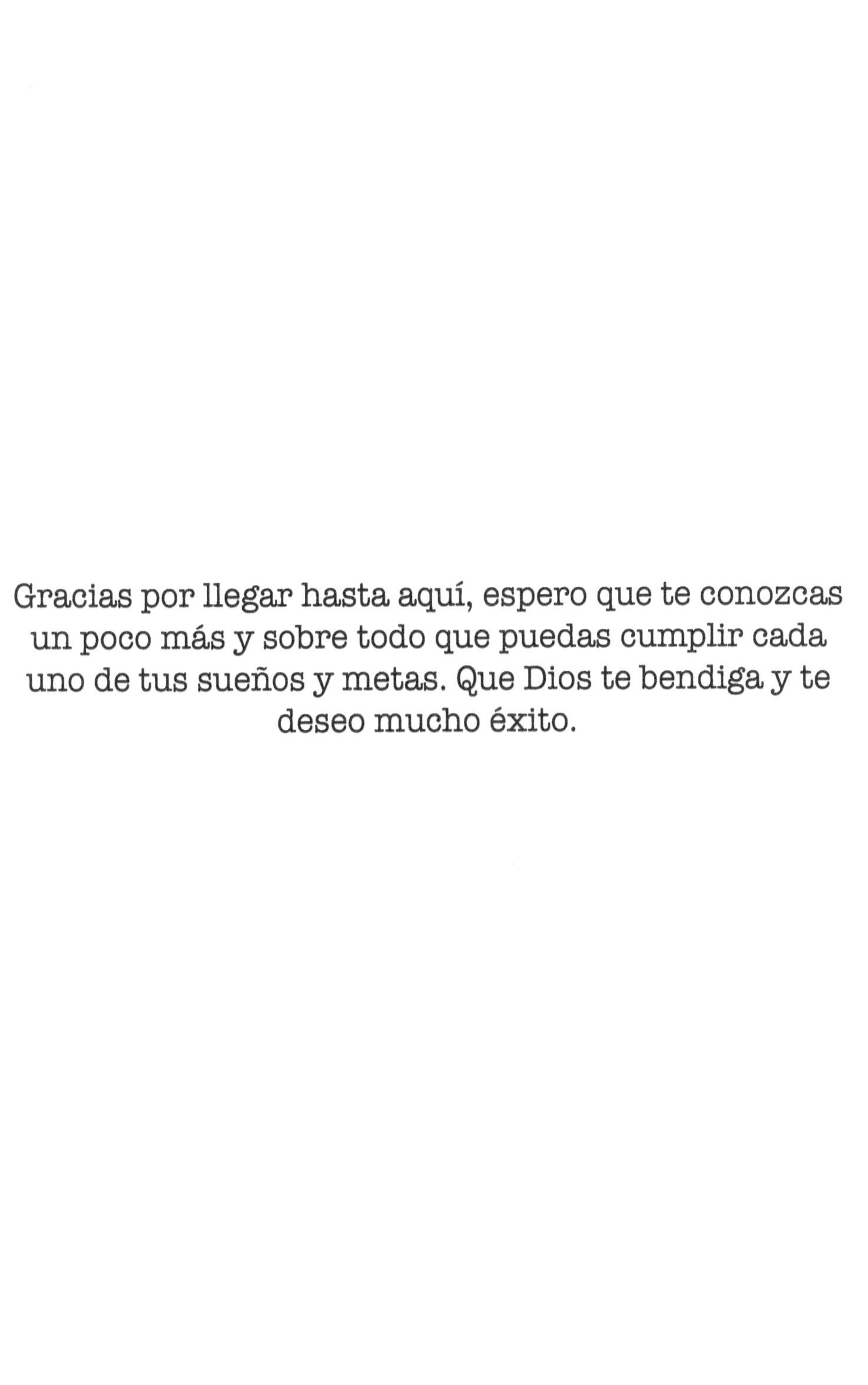

Gracias por llegar hasta aquí, espero que te conozcas un poco más y sobre todo que puedas cumplir cada uno de tus sueños y metas. Que Dios te bendiga y te deseo mucho éxito.

Agradecimientos:

Esta vez solo le agradezco a Omar y a Daliana. A mi querido Omar porque fue la persona a la cual le comenté la idea y de una me dió el "si". A mi preciosa Daliana porque es la creadora de esta hermosa portada. Desde el fondo de mi corazón gracias, porque gracias a ustedes, a su 20/10 y su gran apoyo es que este libro ha sido creado.

Alondra Maldonado

Si deseas comunicarte con Alondra le puedes escribir
a través de:
ALONDRAMLIBROS@GMAIL.COM

Sigue a Alondra en todas sus redes:
@ammtpr